마이멜로디＆쿠로미와

쓰면서 익히는
히라가나
가타카나

길벗이지톡 어학연구소 지음

마이멜로디 & 쿠로미와
함께 쓰는 히라가나 가타카나
Learn Hiragana & Katakana with My Melody & Kuromi

초판 발행·2023년 6월 30일
초판 3쇄 발행·2024년 1월 30일

지은이·길벗이지톡 어학연구소
발행인·이종원
발행처·(주)도서출판 길벗
브랜드·길벗이지톡
출판사 등록일·1990년 12월 24일
주소·서울시 마포구 월드컵로 10길 56(서교동)
대표 전화·02)332-0931 | 팩스·02)323-0586
홈페이지·www.gilbut.co.kr | 이메일·eztok@gilbut.co.kr

기획 및 책임편집·오윤희, 박정현(bonbon@gilbut.co.kr) | **제작**·이준호, 이진혁, 김우식
마케팅·이수미, 최소영, 장봉석 | **영업관리**·김명자, 심선숙 | **독자지원**·윤정아

디자인·디자인이프 | **전산편집**·조영라, 도설아
CTP 출력 및 인쇄·정민 | **제본**·정민

길벗이지톡은 길벗출판사의 성인어학서 출판 브랜드입니다.

ISBN 979-11-407-0376-0 03730
(길벗 도서번호 301156)

독자의 1초까지 아껴주는 길벗출판사

(주)도서출판 길벗 | IT교육서, IT단행본, 경제경영서, 어학&실용서, 인문교양서, 자녀교육서 www.gilbut.co.kr
길벗스쿨 | 국어학습, 수학학습, 어린이교양, 주니어 어학학습, 학습단행본 www.gilbutschool.co.kr

일본어의 세계에 온 것을 환영해!

이 책에서 히라가나는 마이멜로디와 공부하고, 가타카나는 쿠로미와 함께 공부하게 될 거야.

본격적으로 시작하기 전에, 히라가나와 가타카나를 소개할게!

일본어는 우리말과 다르게 글자를 **히라가나, 가타카나, 한자** 이렇게 총 세 종류를 써.

예를 들어,

"クロミが好き。" (쿠로미가 좋아.)
　　└─ 가타카나　　└─ 히라가나 ─┘

이런 간단한 문장에서도 3가지가 다 들어가. 이 문장을 보면서 눈치챘겠지만,

가타카나는 고유명사, 외래어에 쓰이고 심플하고 각진 느낌이야.

히라가나는 일본어에서 가장 기본이 되는 글자이고, 부드러운 느낌이지.

Q1. 히라가나랑 가타카나는 왜 이렇게 헷갈리는 거야?

그게 이유가 있어. 간단히 말하면 두 글자는 다른 단체에서
만든 것인데, 둘 다 같은 한자에서 모양을 따온 경우가 많기
때문에 모양이 비슷해. 예를 들면 이래!

히라가나	한자	가타카나
う	宇	ウ
[우]	← 집 (우) →	[우]
	(일본어 발음도 [우])	

Q2. 너무 헷갈려. 히라가나만 배우고, 가타카나는 그냥 안 배우면 안 될까?

포기하지 마! 가타카나가 쓰이는 곳이 은근히 많아. 그리고 일본 여행 갈 거잖아? 가타카나는 강조하는 성격의 글
씨라서, 간판이나 메뉴에 많이 쓰여. 일본에 갔을 때 코 앞에 있는 맛집이나 카페를 못 찾고, 메뉴도 못 읽는다고 생
각해 봐. 많이 아쉬울 거야!

그럼 이제 얼른 글자를 정복하러 가 보자!

목차

My Melody & Kuromi

1단계
히라가나

1단계에서는 히라가나를 함께 써보자!
QR코드를 스마트폰 카메라에 인식시키면
원어민의 발음도 배울 수 있어.

히라가나
한눈에 보기

あ행	あ 아	い 이	う 우	え 에	お 오
か행	か 카	き 키	く 쿠	け 케	こ 코
さ행	さ 사	し 시	す 스	せ 세	そ 소
た행	た 타	ち 치	つ 츠	て 테	と 토
な행	な 나	に 니	ぬ 누	ね 네	の 노

To. 히라가나를 처음 보는 너에게

1. 어떤 행이 있는지 외워두면 나중에 편해! '아—카—사—타—나—하—마—야—라—와—음'을 기억해 줘!

2. か·さ·た·は행을 응용해서 더 다양한 소리를 표현하는 방법이 있는데,
   그건 일단 아래의 글자를 외우고 난 뒤에 배워보자!

3. 히라가나는 처음이지? 그래서 발음을 한글로 표기했는데, 정확한 발음은 꼭 소리를 확인하는 것이 좋아.
   특히 주의 깊게 들어 봐야 하는 글자는 깃발로 표시해 두었어!

は행	は	ひ	ふ	へ	ほ
	하	히	후	헤	호
ま행	ま	み	む	め	も
	마	미	무	메	모
や행	や		ゆ		よ
	야		유		요
ら행	ら	り	る	れ	ろ
	라	리	루	레	로
わ행	わ	を		ん	ん
	와	오			음

히라가나
あ행

あ
[아]

い
[이]

う
[우]

이때 입모양은 둥글게 하지 마! 그리고 입꼬리를 약간 당기면 네이티브 같은 발음을 할 수 있어!

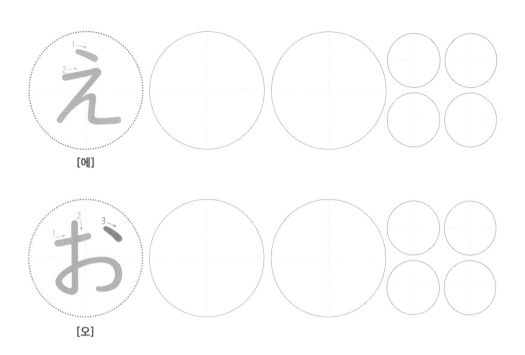

[에]

[오]

あ い う え お
あ い う え お

히라가나 **か행**

학습일 월 일

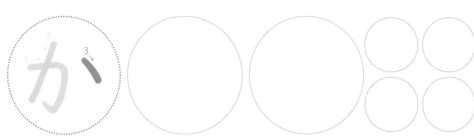

か

[카]

き

[키]

く

[쿠]

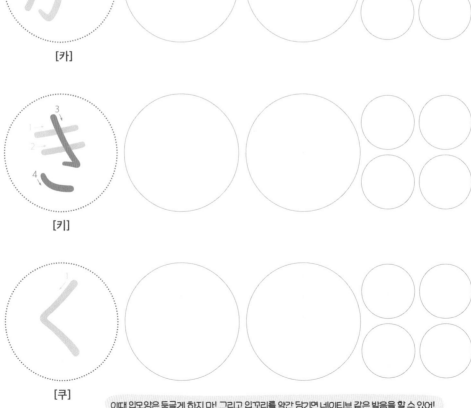

이때 입모양은 둥글게 하지 마! 그리고 입꼬리를 약간 당기면 네이티브 같은 발음을 할 수 있어!

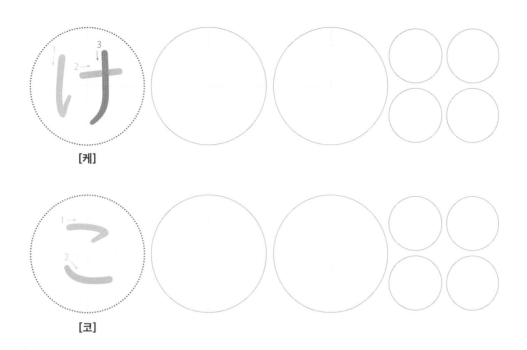

[케]

[코]

か　き　く　け　こ
か　き　く　け　こ

히라가나
さ행

학습일　　월　　일

[사]

[시]

[스]

이때 입모양은 둥글게 하지 마! 그리고 입꼬리를 약간 당기면 네이티브 같은 발음을 할 수 있어!

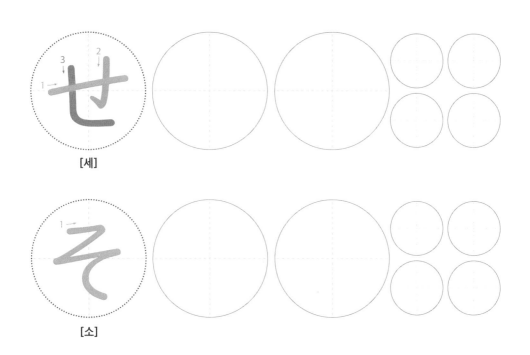

[세]

[소]

전체 행 써 보기

さ し す せ そ

さ し す せ そ

히라가나
た행

학습일 ◯ 월 ◯ 일

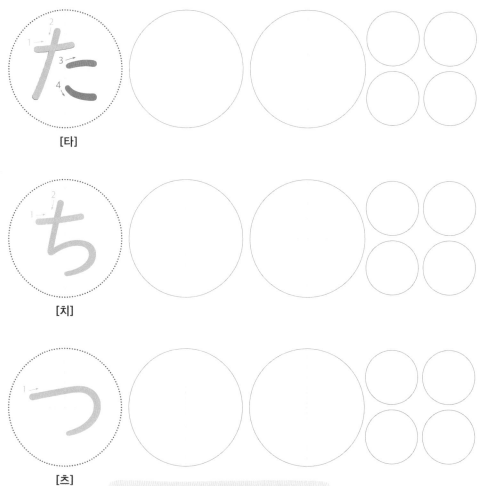

[타]

[치]

[츠]

つ는 사실 [치]도 [쯔]도 아니야. 발음을 꼭 들어보기로 약속!

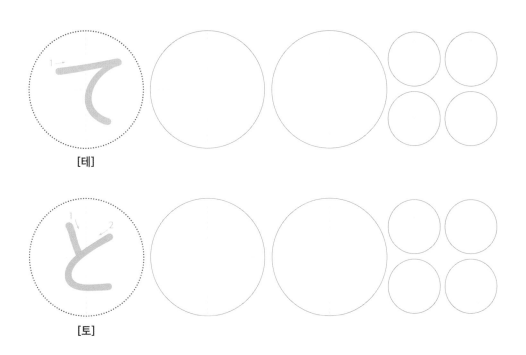

[테]

[토]

た ち つ て と

た ち つ て と

히라가나
な행
학습일 ◯월 ◯일

な
[나]

に
[니]

ぬ
[누]

이때 입모양은 둥글게 하지 마! 그리고 입꼬리를 약간 당기면 네이티브 같은 발음을 할 수 있어!

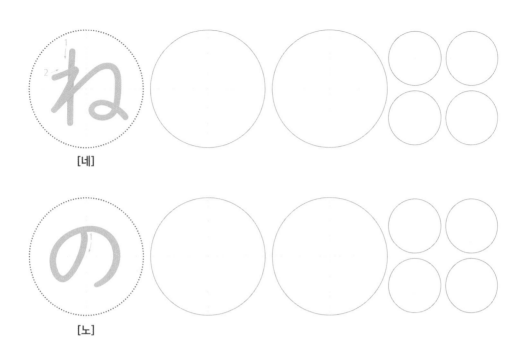

ね
[네]

の
[노]

なにぬねの

なにぬねの

히라가나
は행

학습일　　월　　일

は
[하]

ひ
[히]

ふ
[후]

이때 입모양은 둥글게 하지 마! 그리고 입꼬리를 약간 당기면 네이티브 같은 발음을 할 수 있어!

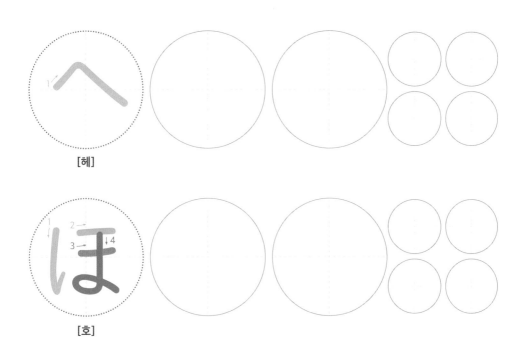

[헤]

[호]

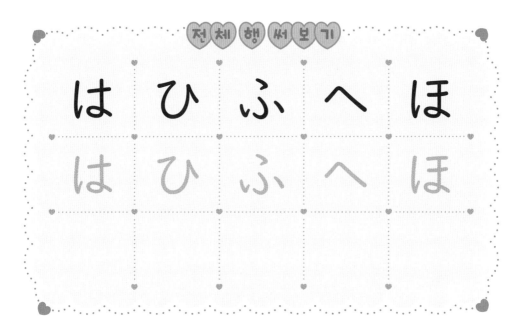

は ひ ふ へ ほ

は ひ ふ へ ほ

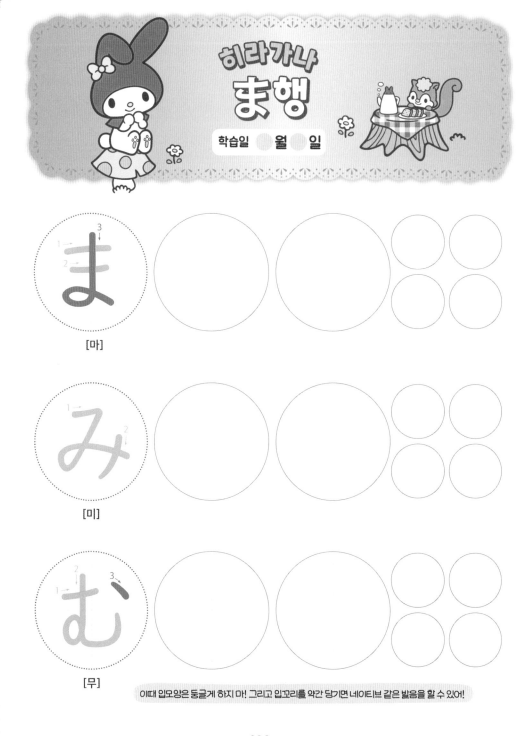

ま
[마]

み
[미]

む
[무]

이때 입모양은 둥글게 하지 마! 그리고 입꼬리를 약간 당기면 네이티브 같은 발음을 할 수 있어!

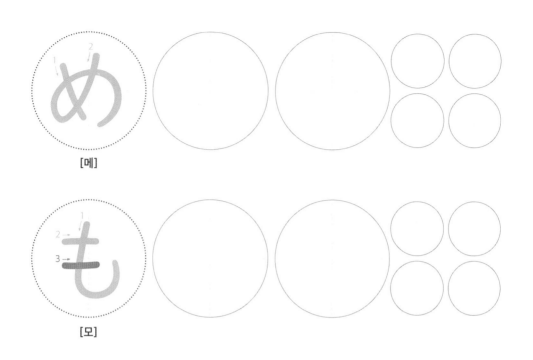

[메]

[모]

전체 행 써 보기

ま み む め も

ま み む め も

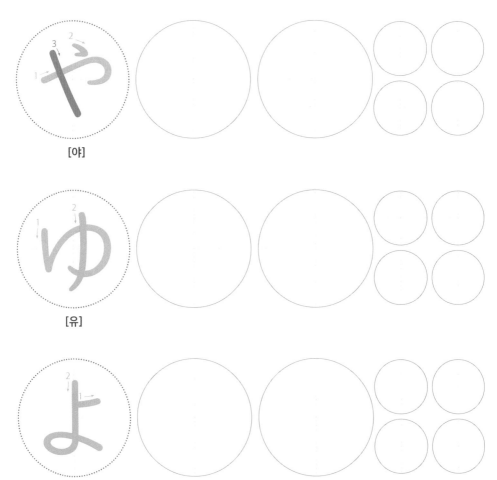

や
[야]

ゆ
[유]

よ
[요]

•や•ゆ•よ를 작게 쓰면?

일본어로 [캬], [슈], [뇨] 같은 소리를 쓰고 싶으면 어떻게 해야 할까?

방금 배운 や•ゆ•よ를 이용하면 돼!

や•ゆ•よ를 작게 쓰면 보조 글자로 쓸 수 있거든.

원리 い를 제외한 い단* + 작은 や•ゆ•よ

이렇게 や•ゆ•よ를 작게 쓰는 것을 "요음"이라고 해~

* き•し•ち•に•ひ•み•り (い를 제외하는 이유는 いや=や, いゅ=ゆ, いょ=よ로 의미가 없기 때문이야.)

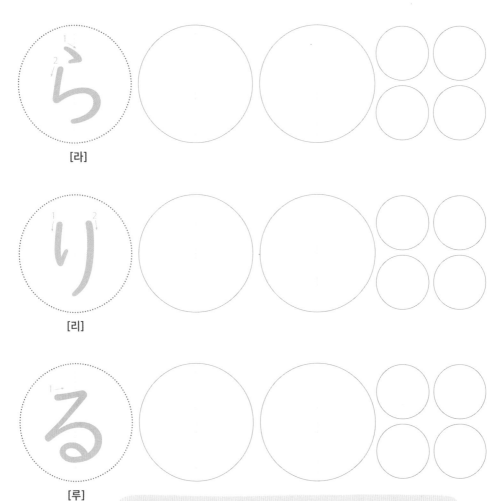

ら
[라]

り
[리]

る
[루]

이때 입모양은 둥글게 하지 마! 그리고 입꼬리를 약간 당기면 네이티브 같은 발음을 할 수 있어!

[레]

[로]

ら　り　る　れ　ろ

ら　り　る　れ　ろ

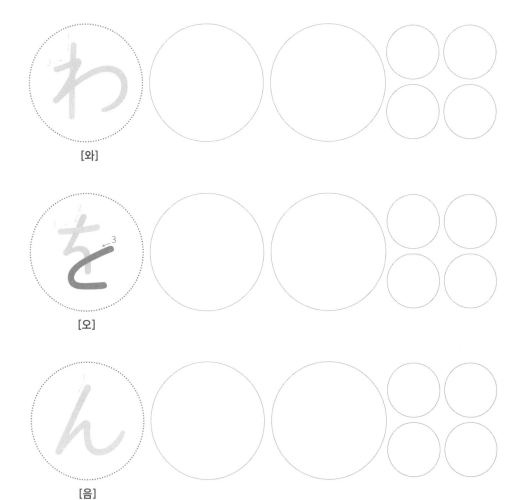

わ
[와]

を
[오]

ん
[음]

• を 이야기 •

혹시 궁금하지 않았어? [오] 발음인 글자가 왜 お와 を, 두 개나 있는지 말이야.

그게 사실… 비밀이 숨겨져 있어.

を의 원래 발음은 [워]였어. 현대에 와서 [오]로 바뀐 거야.

그리고 발음 [오]가 들어간 단어는 お가 거의 전부를 담당해서 を는 단어에서 거의 볼 수 없어.

그렇지만 앞으로 계속 일본어를 공부한다면 を를 거의 매번 만나게 될 거야.

왜냐면 を에게는 아주 중요한 역할이 있어.

"本を読む。(책을 읽다)"

처럼 조사 '~을, ~를'의 의미를 담당하기 때문이야.

あ
[아]

お
[오]

い
[이]

り
[리]

き
[키]

さ
[사]

ち
[치]

ね
[네]

れ
[레]

わ
[와]

To. 아직 히라가나가 헷갈리는 너에게

히라가나가 잘 안 외워지는 이유는
비슷한 생김새의 글자들이 많기 때문이야.
가타카나로 넘어가기 전에 그런 친구들을 써보면서
확실하게 정리해 보자!

る [루]　　ろ [로]

ぬ [누]　　め [메]

は [하]　　ほ [호]

ま [마]　　も [모]

히라가나 46자를 외우느라 정말 고생 많았어! 그런데 그거 알아?

지금까지 배운 글자에 동그라미랑 빗금만 추가하면, 25글자를 금방 외울 수 있어!

이 글자들 중에 독특한 발음도 있어서, QR을 찍고 발음을 확인하는게 좋아!

1 +동그라미(=반탁음)

ぱ행	ぱ	ぴ	ぷ	ぺ	ぽ
	파	피	푸	페	포

2 +빗금 두 개(=탁음)

が행	が	ぎ	ぐ	げ	ご
	가	기	구	게	고

が 행은 [ㄱ]보다 약간 느끼하게 발음을 해.

ざ행	ざ	じ	ず	ぜ	ぞ
	자	지	즈	제	조

ざ 행은 [ㅈ]보다는 [z]발음이야.

だ행	だ	ぢ	づ	で	ど
	다	지	즈	데	도

ば행	ば	び	ぶ	べ	ぼ
	바	비	부	베	보

*가타카나도 동일한 방법으로 탁음과 반탁음을 만든다는 사실!

My Melody & Kuromi

2단계
가타카나

2단계에서는 가타카나를 함께 써보자!
히라가나와 가타카나의 발음은 똑같지만,
QR 코드를 찍고 한번 더 들어봐!

ア행	ア	イ	ウ	エ	オ
	아	이	우	에	오
カ행	カ	キ	ク	ケ	コ
	카	키	쿠	케	코
サ행	サ	シ	ス	セ	ソ
	사	시	스	세	소
タ행	タ	チ	ツ	テ	ト
	타	치	츠	테	토
ナ행	ナ	ニ	ヌ	ネ	ノ
	나	니	누	네	노

To. 가타카나를 처음 보는 너에게!

1. 가타카나는 히라가나랑 다르게 각지고 네모난 느낌이야.

2. 히라가나와 비슷한 글자들이 많아서 헷갈릴 거야.
   나중에 글자끼리 비교해 줄게!

3. 가타카나를 포기하지 마. 일본 여행을 가면 가타카나로 된
   간판이나 메뉴판이 많아서, 외워 두면 큰 힘이 될 거야~.

ハ행	ハ 하	ヒ 히	フ 후	ヘ 헤	ホ 호
マ행	マ 마	ミ 미	ム 무	メ 메	モ 모
ヤ행	ヤ 야		ユ 유		ヨ 요
ラ행	ラ 라	リ 리	ル 루	レ 레	ロ 로
ワ행	ワ 와	ヲ 오		ン	ン 음

가타카나 ア행

학습일   월   일

ア
[아]

イ
[이]

ウ
[우]

이때 입모양은 둥글게 하지 마! 그리고 입꼬리를 약간 당기면 네이티브 같은 발음을 할 수 있어!

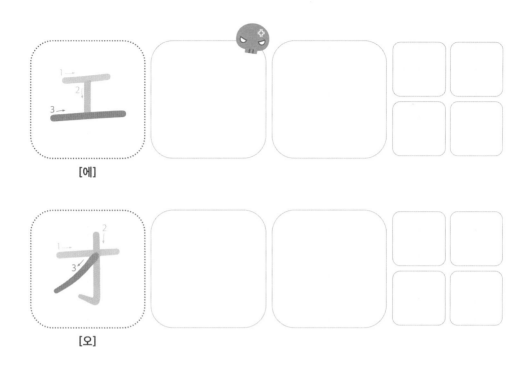

[에]

[오]

ア イ ウ エ オ

ア イ ウ エ オ

力

[카]

キ

[키]

ク

[쿠]

이때 입모양은 둥글게 하지 마! 그리고 입꼬리를 약간 당기면 네이티브 같은 발음을 할 수 있어!

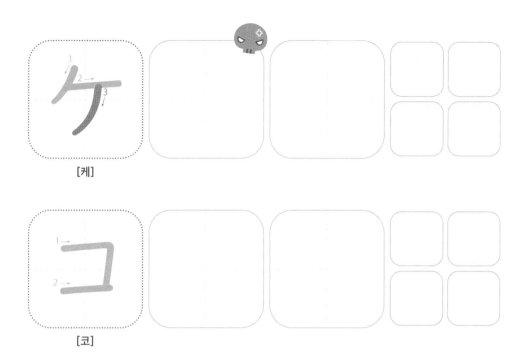

[케]

[코]

전체 행 써 보기

カ キ ク ケ コ

カ キ ク ケ コ

[사]

[시]

[스]

이때 입모양은 둥글게 하지 마! 그리고 입꼬리를 약간 당기면 네이티브 같은 발음을 할 수 있어!

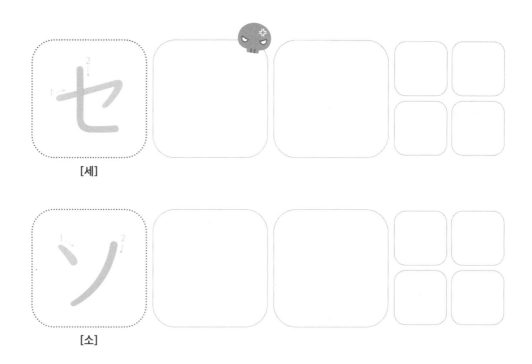

[세]

[소]

전체 행 써 보기

サ シ ス セ ソ

サ シ ス セ ソ

가타카나 タ행

학습일 ◯ 월 ◯ 일

タ					

[타]

[치]

[츠]

ツ는 사실 [츠]도 [쯔]도 아니야. 발음을 꼭 들어보기로 약속!

♥ 040 ♥

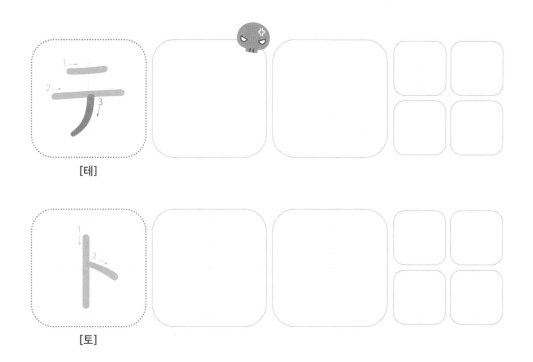

[테]

[토]

전체 행 써 보기

タ チ ツ テ ト

タ チ ツ テ ト

가타카나 ナ행

학습일   월   일

ナ
[나]

ニ
[니]

ヌ
[누]

이때 입모양은 둥글게 하지 마! 그리고 입꼬리를 약간 당기면 네이티브 같은 발음을 할 수 있어!

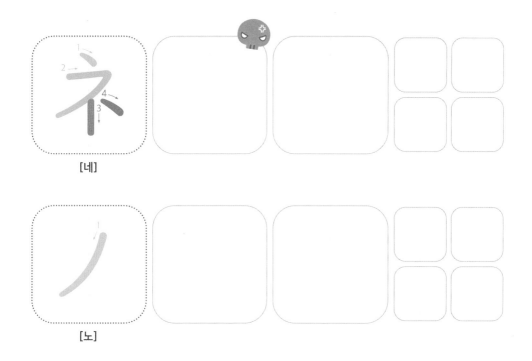

[네]

[노]

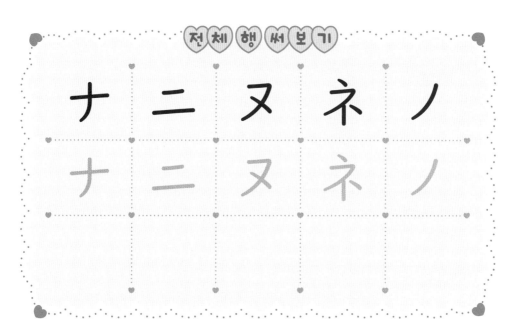

전체 행 써 보기

ナ ニ ヌ ネ ノ
ナ ニ ヌ ネ ノ

가타카나
ハ행
학습일 ○월 ○일

ハ
[하]

ヒ
[히]

フ
[후]

이때 입모양은 둥글게 하지 마! 그리고 입꼬리를 약간 당기면 네이티브 같은 발음을 할 수 있어!

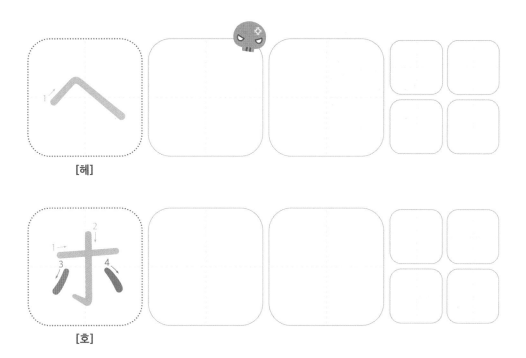

[헤]

[호]

ハ ヒ フ ヘ ホ

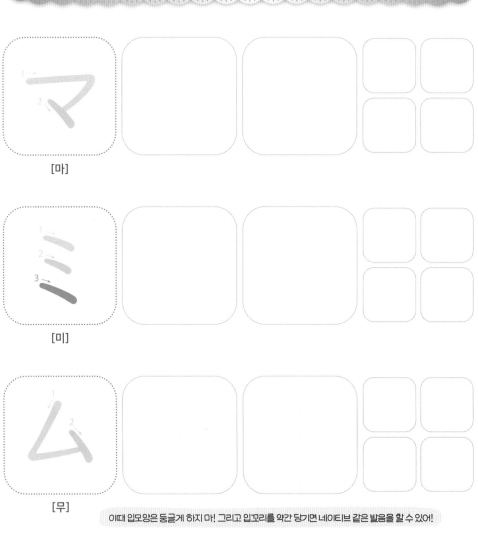

[마]

[미]

[무]

이때 입모양은 둥글게 하지 마! 그리고 입꼬리를 약간 당기면 네이티브 같은 발음을 할 수 있어!

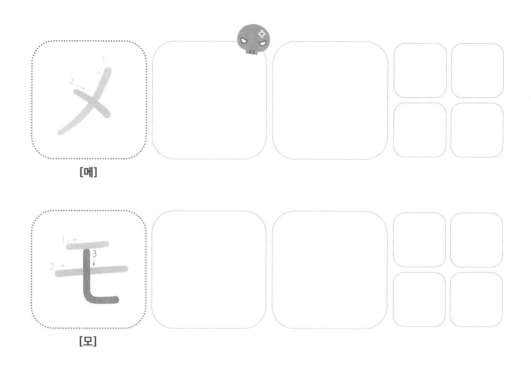

[메]

[모]

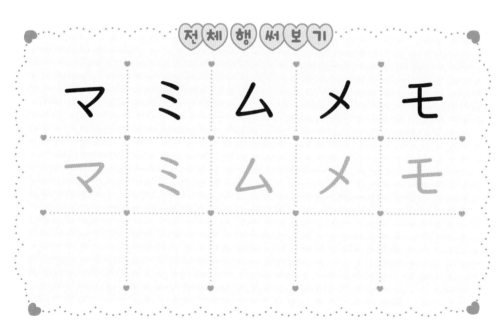

マ ミ ム メ モ

マ ミ ム メ モ

[야]

[유]

[요]

ヤ　ユ　ク

ヤ　ユ　ク

·요음 Quiz·

요음을 활용해서, 다음 발음을 가타카나로 써 보자!
(요음이 기억이 안 난다면 23 페이지를 펼쳐 봐~.)

1 냐 = ☐ ☐

2 쿄 = ☐ ☐

3 쵸 = ☐ ☐

4 슈 = ☐ ☐

5 먀 = ☐ ☐

6 휴 = ☐ ☐

ㄷ크 ⑤ ㅗㅋ ⑤ ㄷ슈 ④ ㅌ크 ③ ㅌ킈 ② ㅗ드 ① 정답

가타카나
라행

ラ
[라]

リ
[리]

ル
[루]

이때 입모양은 둥글게 하지 마! 그리고 입꼬리를 약간 당기면 네이티브 같은 발음을 할 수 있어!

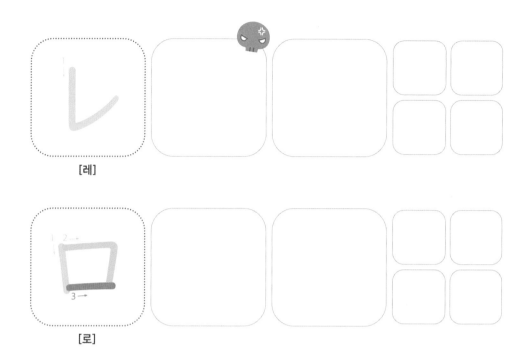

[레]

[로]

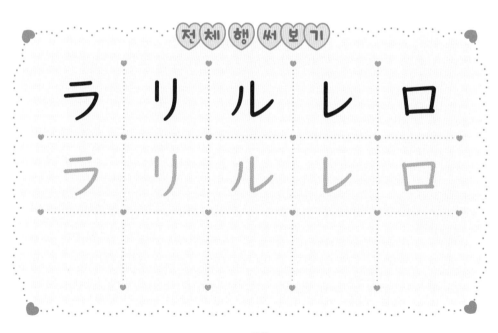

전체 행 써 보기

ラ リ ル レ ロ

ラ リ ル レ ロ

ワ
1 2→
[와]

ヲ
1→
2→
3↓
[오]

ン
1
2
[음]

ン(ん)은 특별한 글자야. 현대 일본어에서 ン(ん)으로 시작하는 단어는 없지만, 굉장히 많은 단어에 출연하거든. (외래어를 표기하는 가타카나에서는 특히 많이 쓰여!) 왜냐면 우리말의 'ㄴ, ㅁ, ㅇ 받침'처럼 쓸 수 있는 글자여서 그래.

그렇지만 여기서 주의해야할 점이 있어. 그건 바로 **박자♪**야.
일본어 ン(ん)은 받침처럼 쓰이지만 마치 한 글자처럼 한 박자로 인정을 해줘.

예를 들어서 **オレンジ**라는 단어는 **[오렌O지]**라고 들려.

특히 노래에서는 가사 전달을 위해 깨끗하게 [음]으로만 들리는 경우가 많은데, 나중에 일본 노래를 듣게 되면 ン(ん)을 찾으면서 들어봐도 재밌을거야!

58 페이지에서는 ン(ん)처럼 받침 역할을 하는 작은ッ(っ)에서 대해서도 배우는데, 작은 ッ(っ)도 한 박자로 인정된다는 점을 기억해 주면 고맙겠어.

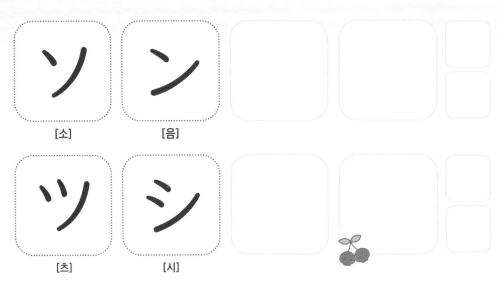

ソ	ン			
[소]	[음]			
ツ	シ			
[츠]	[시]			

 제일 헷갈리는 4글자, 쓰는 방향도 조심하자!

ソ[소]는 두 획 모두 아래를 향해 긋는데,
ン[음]은 두 획 모두 왼쪽에서 오른쪽으로 그어.

ソ	ン
[소]	[음]

ツ[츠]는 세 획 모두 아래를 향해 긋는데,
シ[시]는 세 획 모두 왼쪽에서 오른쪽으로 그어.

ツ	シ
[츠]	[시]

To. 아직 가타카나가 헷갈리는 너에게

가타카나도 은근히 비슷한 글자가 많아서 헷갈렸지?
이런 못된 글자까지 정복하면,
가타카나에 대해서 확실히 자신이 생길 거야.
이번 페이지에서 끝장내 보자고!

ク [쿠]	ケ [케]	タ [타]			
コ [코]	ユ [유]	ヨ [요]			
フ [후]	ラ [라]				
ウ [우]	ワ [와]				

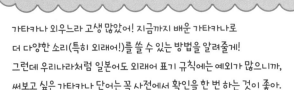

BONUS!
마이멜로디의 "디" 쓰는 법 (+ "티" 쓰는 법)

가타카나 외우느라 고생 많았어! 지금까지 배운 가타카나로
더 다양한 소리(특히 외래어!)를 쓸 수 있는 방법을 알려줄게!
그런데 우리나라처럼 일본도 외래어 표기 규칙에는 예외가 많으니까,
써보고 싶은 가타카나 단어는 꼭 사전에서 확인을 한 번 하는 것이 좋아.

1 [디] = ディ

지금까지 배운 히라가나, 가타카나 중에 [디]라는 글자는 없었지?
그래서 일본 사람들은 작은 ィ를 이용해.
예를 들어서 마이멜로디(My Melody)는 "マイメロ<u>ディ</u>",
캔디(Candy)는 "キャン<u>ディ</u>"라고 쓰는 거지.

예외 디저트 : デザート

2 [티] = チ

[디]를 ディ로 쓰지만 [티]는 チ를 주로 사용해.
예를 들어서 티켓(ticket)은 "<u>チ</u>ケット",
팀(team)은 "<u>チ</u>ーム"라고 해.

예외 티백 : ティーバッグ

이번 페이지에서는 일본어를 계속 배우다 보면
궁금해질 부분에 대해서 정리해 봤어!

**장음
법칙**

ありがとう는 왜 [아리가또ー]라고 읽을까?

일본어에 '장음 법칙'이 있기 때문이야.
장음(長音)은 말 그대로 '길게 읽는 소리'야. 우리말에도 장음이 있지만 따로 표기를 하지는 않아서 익숙하지 않을거야. 그런데 일본어는 단어를 보면 장음인지 아닌지 알 수가 있어.

1 ありがとう는 [ありがとー]

ありが<u>とう</u>(고마워)처럼 **お단**(お·こ·そ·と·の·ほ·も·よ·ろ·) 뒤에 <u>う</u>가 오면, お단을 길게 늘려서 읽고 う는 발음을 안 해.

2 せんせい는 [せんせー]

せん<u>せい</u>(선생님)처럼 **え단**(え·け·せ·て·ね·へ·め·れ) 뒤에 <u>い</u>가 오면, え단을 길게 늘려서 읽고 い는 발음을 안 해.

3 おいしい는 [おいしー]

おい<u>しい</u>(맛있어)처럼 あ단+<u>あ</u>, い단+<u>い</u>, う단+<u>う</u>, え단+<u>え</u>, お단+<u>お</u> 인 경우야. 이럴 땐, 앞의 글자만 길게 늘려서 읽고, 뒤의 글자는 발음을 안 해.

4 가타카나는?

가타카나의 경우, 장음을 'ー'로 표기하니까 훨씬 알아보기 쉬울 거야!

 일본어에도 받침이 있다고?

우리가 배운 글자 중에 받침 기능을 하는 글자가 있어.

첫 번째는 っ인데, 작게 쓰면 **ㄱ받침, ㄷ받침, ㅂ받침, ㅅ받침 역할**을 해.

이걸 **촉음 っ**라고 해. 글자는 하나인데 왜 소리가 4가지나 되냐면, 발음을 쉽게 하기 위해서야.

뒤에 오는 글자와 비슷한 소리로 읽으면 발음이 더 편해지거든.

1 ㄱ받침 = っ + か행 (예) ゆっくり [육O쿠리] 천천히

2 ㄷ받침 = っ + た행 (예) ホット [혼O또] 핫(hot)

3 ㅂ받침 = っ + ぱ행 (예) ヨーロッパ [요-롭O파] 유럽

4 ㅅ받침 = っ + さ행 (예) いっしょに [잇쇼니] 함께

두 번째는 ん인데, **ㄴ받침, ㅁ받침, ㅇ받침 역할**을 해. 이것도 마찬가지로 발음을 쉽게 하기 위해서 뒤에 오는 글자와 비슷한 받침 소리가 나.

5 ㅁ받침 = ん + ば행, ぱ행, ま행 (예) ハンバーガー [함O바-가-] 햄버거

6 ㅇ받침 = ん + か(が)행 (예) にんき [닝O끼] 인기
　　　= ん으로 끝날 때 (예) みかん [미캉O] 귤

7 ㄴ받침 = ん + 나머지[さ(ざ)행, た(だ)행, な행, ら행]
　　(예) チャンス [챤O스] 찬스

My Melody & Kuromi

3단계
히라가나 &
가타카나

3단계에서는 히라가나와 가타카나를 함께 써보자!
비교하면서 써보면 글자 암기에 도움이 될 거야!
그리고 이번 단계부터는 키보드 입력법과 단어도 배워.
QR코드를 찍고 발음도 들어 보자!

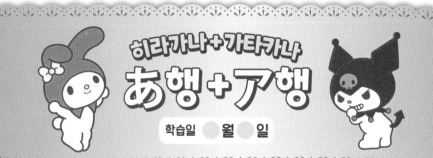

히라가나+가타카나
あ행+ア행

학습일 ● 월 ● 일

1. [아]

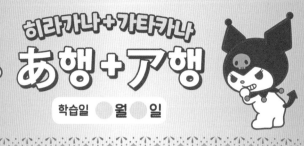

ありがとう [아리가또-] "고마워."	りがとう りがとう
あたらしい [아타라시-] 새로운	たらしい たらしい

アプリ [아푸리] 앱(App)	プリ プリ
アイパッド [아이팓오도] 아이패드	イパッド イパッド

あ/ア = A　　い/イ = I

2. [이]

いいえ	え
[이-에]	え
"아뇨."	

いりぐち	りぐち
[이리구치]	りぐち
입구	

イヤホン	ヤホン
[이야홍오]	ヤホン
이어폰	

イギリス	ギリス
[이기리스]	ギリス
영국	

う/ウ = U

3. [우]

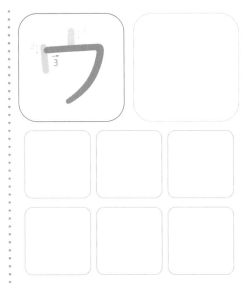

うん [웅이] "응."	ん ん
うれしい [우레시-] 기쁘다	れしい れしい

ウイルス [위루스] 바이러스	イルス イルス
ウエスト [웨스토] 허리	エスト エスト

♥ 062 ♥

4. [에]

えき
[에키]
역

き

き

エネルギー
[에네루기-]
에너지

ネルギー

ネルギー

えいご
[에-고]
영어

いご

いご

エジプト
[에지푸토]
이집트

ジプト

ジプト

お/オ = O

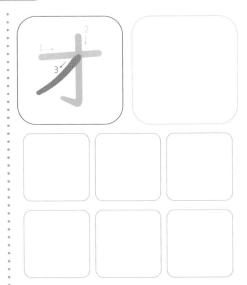

おいしい	いしい
[오이시-]	いしい
맛있다	

おすすめ	すすめ
[오스스메]	すすめ
추천	

オレンジ	レンジ
[오렌오지]	レンジ
오렌지	

オムライス	ムライス
[오무라이스]	ムライス
오므라이스	

あ　い　う　え　お

あ　い　う　え　お

ア　イ　ウ　エ　オ

ア　イ　ウ　エ　オ

히라가나 + 가타카나
か행 + 力행

학습일 ⬤월 ⬤일

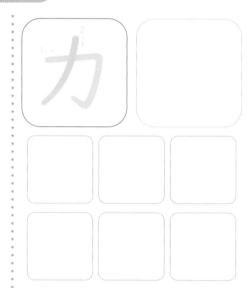

か のじょ [카노쵸] 여자친구	のじょ のじょ	
かれし [카레시] 남자친구	れし れし	

カフェ [카훼] 카페	フェ フェ	
カレー [카레-] 카레	レー レー	

 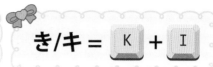

きみ [키미]		**み** み
너		み
き おく [키오쿠]		**おく** おく
기억		おく

キッズ [킷오즈] 키즈(kids)	ッズ ッズ
キャンセル [칸O세루] 캔슬(cancel)	ャンセル ャンセル

く/ク = K + U

3. [쿠]

く つした	つした	クロミ	ロミ
[쿠츠시타]	つした	[쿠로미]	ロミ
양말		쿠로미	
く ろ	ろ	クイズ	イズ
[쿠로]	ろ	[쿠이즈]	イズ
검정		퀴즈	

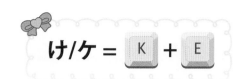

けんさく	んさく
[켄O사쿠]	んさく
검색	

けしょうひん	しょうひん
[케쇼-힝O]	しょうひん
화장품	

ケーキ	ーキ
[케-키]	ーキ
케익	

ケース	ース
[케-스]	ース
케이스	

こ/コ = K + O

こころ [코코로] 마음	ろ ろ
こわい [코와이] 무섭다	わい わい

コーヒー [코-히-] 커피	ーヒー ーヒー
コピー [코피-] 복사(copy)	ピー ピー

か	き	く	け	こ
か	き	く	け	こ

カ	キ	ク	ケ	コ
カ	キ	ク	ケ	コ

히라가나 + 가타카나
さ행 + サ행

학습일 ● 월 ● 일

1. [사]

さくら	くら	**サ**ービス	ービス
[사쿠라]	くら	[사-비스]	ービス
벚꽃		서비스	
さむい	むい	**サ**イズ	イズ
[사무이]	むい	[사이즈]	イズ
춥다		사이즈	

さ/サ = S + A   し/シ = S + I

2. [시]

し ろ [시로] 흰색	ろ ろ	シンプル [심0푸루] 심플	ンプル ンプル
し ごと [시고토] 일	ごと ごと	シャツ [샤츠] 셔츠	ャツ ャツ

す/ス = S + U

3. [스]

すし [스시] 스시	し し	スタバ [스타바] 스타벅스	タバ タバ
すごい [스고이] 대단하다	ごい ごい	ストロー [스토로-] 빨대(straw)	トロー トロー

せ/セ = S + E

4. [세]

せんせい   ん   い
[센O세-]
선생님   ん   い

セミナー   ミナー
[세미나-]
세미나   ミナー

せかい   かい
[세카이]
세계   かい

セール   ール
[세-루]
세일   ール

そ/ソ = S + O

5. [소]

そら [소라] 하늘	ら ら
そうじ [소-지] 청소	うじ うじ

ソウル [소우루] 서울	ウル ウル
ソース [소-스] 소스	ース ース

さ し す せ そ

さ し す せ そ

サ シ ス セ ソ

サ シ ス セ ソ

히라가나+가타카나
た행+夕행

학습일 월 일

1. [타]

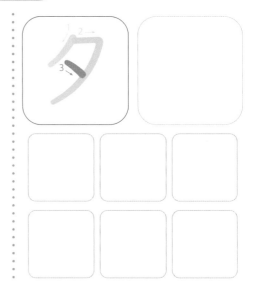

た**こやき** [타코야끼] 타코야끼	こやき こやき
た**のしい** [타노시-] 즐겁다	のしい のしい

タ**クシー** [타쿠시-] 택시	クシー クシー
タ**オル** [타오루] 수건(towel)	オル オル

た/タ = T + A   ち/チ = T + I

2. [치]

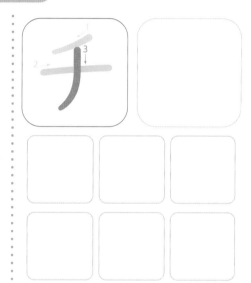

ちえ [치에] 지혜	え え	チーズ [치-즈] 치즈	ーズ ーズ
ちかい [치카이] 가깝다	かい かい	チャンス [챤O스] 찬스	ャンス ャンス

つ/ツ = T + U

3. [츠]

つき [츠키] 달	き き	ツアー [츠아-] 여행(tour)	アー アー
つよい [츠요이] 강하다	よい よい	ツナ [츠나] 참치(tuna)	ナ ナ

て/テ = T + E

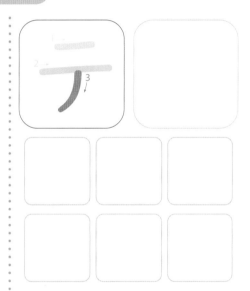

てんき [텡오키] 날씨	んき んき
てがみ [테가미] 편지	がみ がみ

テーブル [테-부루] 테이블	ーブル ーブル
テレビ [테레비] 텔레비전	レビ レビ

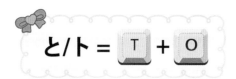

と/ト = T + O

5. [토]

とりざら	りざら
[토리자라]	りざら
앞접시	

トイレ	イレ
[토이레]	イレ
화장실(toilet)	

とくぎ	くぎ
[토쿠기]	くぎ
특기	

レシート	レシー
[레시-토]	レシー
영수증(receipt)	

た　ち　つ　て　と
た　ち　つ　て　と

タ　チ　ツ　テ　ト
タ　チ　ツ　テ　ト

1. [나]

なまえ	まえ
[나마에]	まえ
이름	

ナイフ	イフ
[나이후]	イフ
나이프	

なみだ	みだ
[나미다]	みだ
눈물	

ナース	ース
[나-스]	ース
간호사(nurse)	

2. [니]

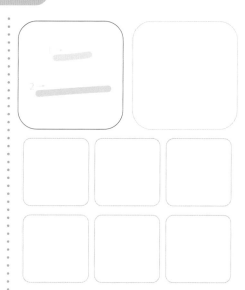

にほん	ほん	ニット	ット
[니홍이]		[닏오토]	
일본	ほん	니트	ット

にんき	んき	ニュース	ュース
[닝오키]		[뉴-스]	
인기	んき	뉴스	ュース

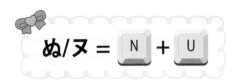

ぬ/ヌ = N + U

3. [누]

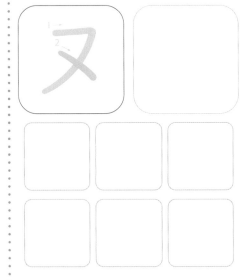

いぬ [이누] 개	い い

ぬいぐるみ [누이구루미] 솜인형	いぐるみ いぐるみ

ヌードル [누-도루] 면(noddle)	ードル ードル

カヌレ [카누레] 카눌레	カ レ カ レ

4. [네]

ねこ	こ
[네코]	こ
고양이	

ねだん	だん
[네당이]	だん
가격	

ネクタイ	クタイ
[네쿠타이]	クタイ
넥타이	

ネーム	ーム
[네-무]	ーム
이름(name)	

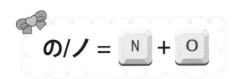

のり	り	ノート	ート
[노리]	り	[노-토]	ート
김		노트	
のみもの	みも	ノック	ック
[노미모노]	みも	[녹0쿠]	ック
마실 것, 음료		노크	

な に ぬ ね の

な に ぬ ね の

ナ ニ ヌ ネ ノ

ナ ニ ヌ ネ ノ

히라가나 + 가타카나
は행 + ハ행

학습일 ● 월 ● 일

はい	い
[하이]	い
"네."	

はし	し
[하시]	し
젓가락	

ハンバーガー	ンバーガー
[함0바-가-]	ンバーガー
햄버거	

ハート	ート
[하-토]	ート
하트	

は/ハ = H + A   ひ/ヒ = H + I

2. [히]

ひどい [히도이] 심하다	どい どい
ひとりぐらし [히토리구라시] 자취, 혼자 삶	とりぐらし とりぐらし

ヒーター [히-타-] 히터	ーター ーター
ヒント [힌O토] 힌트	ント ント

ふ/フ = H + U

ふたつ [후타츠] 두 개	たつ たつ
ふんいき [훙이이키] 분위기	んいき んいき

フォーク [호-쿠] 포크(fork)	オーク オーク
フリー [후리-] 프리(free)	リー リー

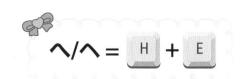

へ/へ = H + E

4. [헤]

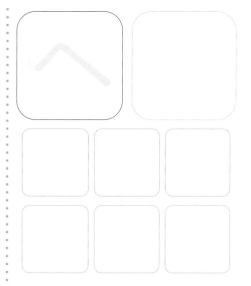

へや [헤야] 방	や や

へんぴん [헴O삥O] 반품	んぴん んぴん

ヘアスタイル [헤아스타이루] 헤어스타일	アスタイル アスタイル

ヘリコプター [헤리코푸타-] 헬리콥터	リコプター リコプター

ほ/ホ = H + O

ほん	ん
[홍오]	
책	ん

ほしい	しい
[호시-]	
바라다	しい

ホテル	テル
[호테루]	
호텔	テル

ホット	ット
[홋오또]	
핫(hot)	ット

は ひ ふ へ ほ

は ひ ふ へ ほ

ハ ヒ フ ヘ ホ

ハ ヒ フ ヘ ホ

히라가나+가타카나
ま행+マ행

1. [마]

マ		

| まいにち
[마이니치]
매일 | いにち
いにち | マイメロディ
[마이메로디]
마이멜로디 | イメロディ
イメロディ |
| まんが
[망O가]
만화 | んが
んが | マスク
[마스쿠]
마스크 | スク
スク |

ま/マ = M + A　　み/ミ = M + I

2. [미]

みなさん	なさん
[미나상이]	なさん
여러분	

みかん	かん
[미캉이]	かん
귤	

ミルク	ルク
[미루쿠]	ルク
우유(milk)	

ミス	ス
[미스]	ス
실수	

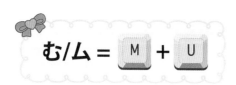

む/ム = M + U

3. [무]

ム

むり	り
[무리]	
무리	り

ムード	―ド
[무-도]	
무드(분위기)	―ド

むずかしい	ずかしい
[무즈카시-]	ずかしい
어렵다	

ゲーム	ゲー
[게-무]	
게임	ゲー

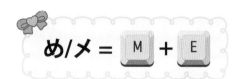

4. [메]

めがね	がね
[메가네]	がね
안경	

メール	ール
[메-루]	ール
메일	

めんせつ	んせつ
[멘0세츠]	んせつ
면접	

メニュー	ニュー
[메뉴-]	ニュー
메뉴	

も/モ = M + O

5. [모]

もしも**し**	し し	モデル	デル
[모시모시]	し し	[모데루]	
"여보세요."		모델	デル
もち	ち	メモ	メ
[모치]	ち	[메모]	
찹쌀떡		메모	メ

ま행+マ행
전체 행 써 보기

ま	み	む	め	も
ま	み	む	め	も

マ	ミ	ム	メ	モ
マ	ミ	ム	メ	モ

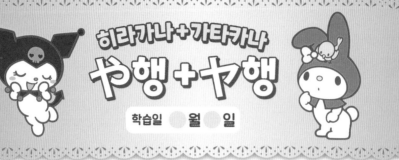

히라가나+가타카나
や행+ヤ행

1. [야]

| やすい
[야스이]
쉽다, 싸다 | すい
すい | ヤクルト
[야쿠루토]
야쿠르트 |  클루트
클루트 |
| やさしい
[야사시-]
쉽다, 상냥하다 | さしい
さしい | ダイヤ
[다이야]
다이아(몬드) |  다이
다이 |

や/ヤ = Y + A　　ゆ/ユ = Y + U

ゆっくり [육0쿠리] 천천히, 마음 편히	っくり っくり
ゆき [유키] 눈	き き

ユーチューブ [유-츄-부] 유튜브	ーチューブ ーチューブ
ユニーク [유니-쿠] 유니크	ニーク ニーク

よ/ヨ = Y + O

3. [요]

よ			
ようこそ [요-코소] "환영합니다."	うこそ うこそ	**ヨガ** [요가] 요가	ガ ガ
よやく [요야쿠] 예약	やく やく	**ヨーロッパ** [요-롭O파] 유럽	ーロッパ ーロッパ

や	ゆ	よ
や	ゆ	よ

ヤ	ユ	ヨ
ヤ	ユ	ヨ

히라가나+가타카나
ら행+ラ행

 학습일 ◯월 ◯일

1. [라]

らいしゅう [라이슈-] 다음주	いしゅう いしゅう	
らくらく [라쿠라쿠] 편안히	く　く く　く	

ランチ [란0치] 점심(lunch)	ンチ ンチ	
ラーメン [라-멩] 라멘	ーメン ーメン	

♥ 106 ♥

ら/ラ = R + A　　　り/リ = R + I

2. [리]

りょこう	ょこう	リズム	ズム
[료코-]	ょこう	[리즈무]	ズム
여행		리듬	

りゆう	ゆう	リボン	ボン
[리유-]	ゆう	[리봉O]	ボン
이유		리본	

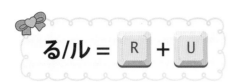

る/ル = R + U

3. [루]

る

ル

るす [루스] 부재중	す	す	ルール [루-루] 규칙(rule)	ー	ー
する [스루] 하다	す	す	ルビ [루비] 루비	ビ	ビ

れ/レ = R + E

れんらく [렌O라쿠] 연락	んらく んらく
れんしゅう [렌O슈-] 연습	んしゅう んしゅう

レベル [레베루] 레벨	ベル ベル
レストラン [레스토랑O] 레스토랑	ストラン ストラン

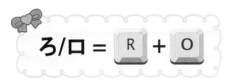

ろ/ロ = R + O

5. [로]

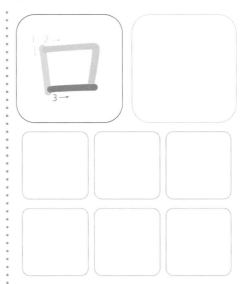

ろくおん [로쿠옹이] 녹음	くおん くおん
ろく [로쿠] 여섯(6)	く く

ログイン [로구잉이] 로그인	グイン グイン
ロボット [로봇이토] 로봇	ボット ボット

♥ 110 ♥

ら행＋ラ행
전체 행 써 보기

ら	り	る	れ	ろ
ら	り	る	れ	ろ

ラ	リ	ル	レ	ロ
ラ	リ	ル	レ	ロ

히라가나+가타카나
わ행リん+ワ행リン

학습일 ● 월 ● 일

1. [와]

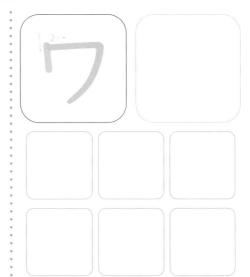

わがまま	がまま
[와가마마]	がまま
제멋대로 함	

ワンピース	ンピース
[왐O피-스]	ンピース
원피스	

わりびき	りびき
[와리비키]	りびき
할인	

ワクチン	クチン
[와쿠칭O]	クチン
백신	

わ/ワ = W + A 　　　　 を/ヲ = W + O

2. [오]

두 글자는 예시 단어가 없어.

히라가나 を는 문장 속에서 조사 "~을, ~를"의 의미로 쓰이고,

가타카나 ヲ는 거의 쓰이지 않아서,

이런 글자가 있다는 것만 알아 두자!

ん/ン = N + N

かんこくじん	か こくじ
[캉O코쿠징O]	か こくじ
한국인	

ひるごはん	ひるごは
[히루고항O]	ひるごは
점심	

パン	パ
[팡O]	パ
빵	

ボタン	ボタ
[보탕O]	ボタ
버튼	

わ	を	ん
わ	を	ん

ワ	ヲ	ン
ワ	ヲ	ン

히라가나   가타카나

[우] う ウ

[카] か カ

[키] き キ

[코] こ コ

To. 아직 히라가나와 가타카나가 헷갈리는 너에게

히라가나와 가타카나는 서로 다른 곳에서 만들었지만, 같은 한자에서 모양을 따온
경우가 많다고 했었지? 그렇지만 이렇게 비슷한 글자가 많을 줄은 몰랐을 거야. 그래서
이 페이지에서는 헷갈리는 글자를 모두 모아서 정리해 봤어! 당분간 계속 헷갈릴 수
있지만, 자주 보다 보면 어느새 다 외운 너를 발견하게 될 거야.

	히라가나	**가타카나**				
[세]	せ	セ				
[토]	と	ト				
[나]	な	ナ				
[니]	に	ニ				

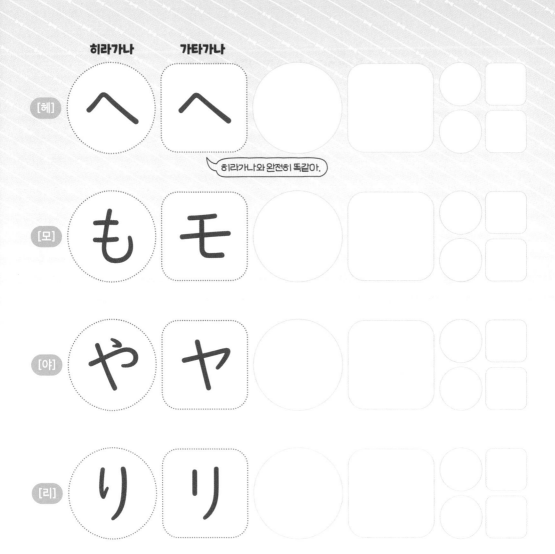

히라가나　　가타가나

[헤] へ　ヘ

히라가나와 완전히 똑같아.

[모] も　モ

[야] や　ヤ

[리] り　リ

그 외에 헷갈리는 글자들을 적어보자!